Jürgen Habermas

Statt eines Vorworts

Wie alle historischen Tatsachen mit anderen Tatsachen verglichen werden können, so auch der Holocaust mit anderen Genoziden. Aber der Sinn des Vergleichs hängt vom Kontext ab. Im sogenannten Historikerstreit ging es seinerzeit darum, ob der Vergleich des Holocaust mit den Stalinschen Verbrechen die nachgeborenen Deutschen von ihrer politischen Verantwortung oder, wie Jaspers mahnte, «Haftung» für die NS-Massenverbrechen entlasten könne. Denn waren diese nicht, wie Ernst Nolte damals meinte, «nur» eine Reaktion auf Gräuel des Bolschewismus? Unter anderen Vorzeichen geht es heute nicht um eine Entlastung von dieser Verantwortung, sondern um eine Verschiebung der Gewichte: Verliert nicht der Holocaust im politischen Selbstverständnis der Bürger der Bundesrepublik den Stellenwert eines «einzigartigen» Zivilisationsbruchs, wenn man diesen Genozid in die Perspektive einer Nachfolge der erst heute wieder in Erinnerung gerufenen Kolonialverbrechen rückt?

Die Kontroverse der letzten Monate dreht sich im Kern um ein Argument: Wenn man den kolonialen Charakter der Zielsetzung von Hitlers rassistischem Vernichtungskrieg gegen Russland berücksichtige und wenn man den organisierten Mord an den europäischen Juden in diesem, seinem Entstehungskontext betrachte, erkenne man schon im Genozid der deutschen Kolonialverwaltung an den Namas und Hereros in Südafrika jene kriminellen Züge, die im Holocaust verstärkt und in anderer Weise wiederkehrten. Zeithistoriker haben demgegenüber geltend gemacht, dass der Vergleich des Holocaust mit kolonialen Genoziden gerade einen spezifischen Unterschied ignoriere. Nicht als ob nicht jeder Mord und jeder ermordete Tote, moralisch gesehen, gleich viel zählte. Aber aus Sicht des historischen Beobachters der Verbrechen «im Osten» drängt sich ein Unterschied zwischen der mörderischen Grausamkeit der Nazis in der Behandlung von Zwangsarbeitern oder Geiseln einerseits und der Vernichtung der Juden andererseits auf. Die einen sind im Zuge des Projekts der rücksichtslosen «Gewinnung von Lebensraum» als Angehörige der dort ansässigen slawischen, d.h. «minderwertigen Rasse» unterdrückt, ausgebeutet und eben auch getötet worden, während die deportierten Juden aus dem einzigen Grund, weil sie Juden waren, ermordet worden sind. Das Verstörende, weil scheinbar Grundlose und Willkürliche an dieser antisemitischen Radikalität der *ausnahmslosen Auslöschung* aller Angehörigen einer pseudowissenschaftlich aussortierten und gefürchteten «Rasse» erklärt sich erst dadurch, dass sich diese Aggression gar nicht nach außen gegen Fremde richtete, sondern gegen *innere Feinde* (Carl Schmitt). Es waren die *eigenen* Bürger, die als subversive Gefahr erst kenntlich gemacht und schrittweise aus der eigenen Bevölkerung ausgegrenzt werden mussten, bevor sie in die Vernichtungslager abtransportiert wurden.

Der Kampf gegen innere Feinde ist auch das Verbindungsglied zwischen dem christlichen und dem rassebiologisch begründeten Antisemitismus. Die wüsten Pogrome in Mittelalter und Neuzeit zehren von einem christlichen Hass, der im Anderen des eigentlich überwundenen, aber noch nicht ganz «ausgemerzten» alttestamentarischen Glaubens die Wurzeln des eigenen Glaubens erkennt. Diese tödliche Ambivalenz gegenüber dem im Stetl, im Getto, in der Diaspora hartnäckig überlebenden inneren Feind, wiederholt sich in naturalisierter Gestalt im Hass der «arischen» Deutschen gegen das fremde Erbgut der jüdischen Mitbürger. Das Ziel der Rassereinheit ist die *Kehrseite der Furcht* vor der genetischen Verunreinigung durch Vermischung mit dem in der eigenen Bevölkerung aufgespürten «fremden Blut». Das spezifische Merkmal, das den Holocaust von kolonialen Genoziden unterscheidet, ist diese Wendung gegen den «inneren Feind», der getötet werden muss – und der nicht wie die fremde, kolonial unterworfene Bevölkerung zusammen mit deren Naturschätzen primär ausgebeutet werden soll.

Das Beharren auf diesem «singulären» Zug des Holocaust heißt natürlich nicht, dass sich das politische Selbstverständnis der Bürger einer Nation einfrieren lässt. Die Erinnerung an unsere bis vor kurzem verdrängte Kolonialgeschichte ist eine wichtige Erweiterung. Diese kann auch in anderer Hinsicht hilfreich sein. Im Zuge der Immigration der letzten Jahrzehnte ist unsere Kultur nicht nur bereichert worden, unsere politische Kultur muss sich auch so erweitern, dass sich Angehörige anderer kultureller Lebensformen mit ihrem Erbe und gegebenenfalls auch ihrer Leidensgeschichte darin wiedererkennen können. Mit dem Erwerb der Staatsbürgerschaft akzeptieren die neuen Bürger die politische Kultur und das geschichtliche Erbe unseres Landes; davon ist die Ächtung des Antisemitismus ein unverzichtbarer Kern. Aber der Immigrant erwirbt gleichzeitig die Stimme eines Mitbürgers, die von nun an in der Öffentlichkeit zählt und unsere politische Kultur verändern und erweitern kann.

Saul Friedländer

Ein Genozid wie jeder andere?

Ende 1943 dechiffrierten die Engländer Meldungen des SS-Offiziers Hermann Höfle nach Berlin. Er war ein leitender Funktionär der Judenvernichtung in den Lagern der «Aktion Reinhardt» und fasste die bis dahin in vier Lagern erreichten Zahlen zusammen: Lublin-Majdanek: 24733, Belzec: 434508, Sobibor: 101370, Treblinka: 713555, insgesamt: 1274166. Himmler hatte diese Ergebnisse angefordert. Sie waren Teil eines Berichts, der vom Chefstatistiker der SS erstellt und Hitler vorgelegt wurde, wahrscheinlich zu dessen 54. Geburtstag. Natürlich enthielten die Zahlen für 1943 nicht die eine Million Juden, die bis Kriegsende in Auschwitz ermordet wurden, ebenso wenig die in der Sowjetunion, dem Baltikum, Polen oder Kroatien durch Massenerschießungen oder bei den Todesmärschen in den letzten Kriegsmonaten getöteten Menschen. Die 394 000 ungarischen Juden, die im Frühjahr 1944 in nur wenigen Wochen ermordet wurden, sind in der Zahl für Auschwitz enthalten. Diese Vernichtungsaktion war so schnell und massiv, dass die Krematorien überlastet waren und Leichenhaufen in offenen Gruben im ganzen Lager verbrannt werden mussten.

Diese kurze Erinnerung an einige Fakten soll in keiner Weise einen makabren und dummen Vergleich zwischen den Opfern verschiedener Völkermorde anstoßen. Selbst bei den schrecklichsten Massenmorden stirbt jedes Opfer für sich, das Leiden jedes einzelnen Menschen ist unvergleichbar, und der kollektive Tod der Ermordeten, seien es Tutsi, Armenier, Kambodschaner, sowjetische Opfer des Stalinismus, Hereros, Kongolesen oder Juden, Sinti und Roma, Homosexuelle und sowjetische Gefangene im NS-beherrschten Europa ist zugleich einzigartig für jeden Menschen und als Massenvernichtung ähnlich. *Der Unterschied liegt im historischen Kontext des jeweiligen Genozids. In diesem Sinne – und nur in diesem – ist der Holocaust besonders und tatsächlich präzedenzlos.*

Im Folgenden werde ich zunächst kurz auf einige Aspekte der historischen Besonderheit des Holocaust eingehen und dann auf einige Fragen der gegenwärtigen Debatte über den Holocaust als koloniales Projekt, eine

Theorie, die heutzutage von einigen Vertretern des Postkolonialismus formuliert wird.

I.

Historiker des Nationalsozialismus haben unterschiedliche Auffassungen über die innere Dynamik des Regimes vertreten, die von seiner antijüdischen Ideologie zu den antijüdischen Maßnahmen der ersten Jahre und dann zur «Endlösung der Judenfrage», der völligen Vernichtung aller Juden im deutschen Machtbereich, führte. Sie stimmen aber in den Grundzügen über die ideologischen Prämissen überein. Das ganze 19. Jahrhundert über konstruierte die rassisch-völkische Ideologie in Deutschland einen totalen Gegensatz zwischen arisch und jüdisch. Eine besonders aggressive Variante, die von dem Engländer und Wahldeutschen Houston Stewart Chamberlain entwickelt wurde, sah in der Gegnerschaft von Arier und Jude einen Kampf auf Leben und Tod. Diese apokalyptische Vision der Zukunft des arischen Menschen wurde von dem Journalisten Dietrich Eckart an Adolf Hitler weitergegeben, der sie zum Mittelpunkt seiner Weltanschauung machte. Für Hitler war der Jude das Böse an sich, das zersetzende Element aller Völker; der Sieg des Juden werde den Tod des arischen Menschen bedeuten, der Sieg des Ariers seine Erlösung.

Sobald die Nationalsozialisten in Deutschland an die Macht kamen, zerstörten antijüdische Gesetze und Maßnahmen, die von der Bevölkerungsmehrheit überwiegend akzeptiert und oft begrüßt wurden, die Existenz der halben Million deutscher Juden, machten sie zu Parias und zielten auf ihre Vertreibung ab. 1938 traf das gleiche Schicksal die österreichischen und 1939 die tschechischen Juden. Nach Kriegsbeginn und der deutschen Eroberung Polens, Dänemarks und Norwegens, Westeuropas, des Balkans und großer Teile der Sowjetunion versuchten mehrere Pläne alle Juden unter deutscher Kontrolle (schließlich rund sieben Millionen) auf einem Territorium zu konzentrieren, zuerst in einer abgelegenen Region des Kontinents, dann auf Madagaskar, zuletzt in Nordrussland. Als sich nichts davon verwirklichen ließ und der Krieg nach dem Kriegseintritt der USA und der sowjetischen Gegenoffensive vor Moskau zum Weltkrieg wurde, beschloss Hitler, den «inneren Feind» zu vernichten, alle Juden in seinem Machtbereich.

Die Entwicklung der antijüdischen Politik der Nationalsozialisten ist bekannt, aber ihr wesentliches Gegenstück wird oft vergessen. Der Kampf des Regimes richtete sich nicht nur gegen die Juden als Einzelpersonen, sondern gegen «den Juden», der als Prinzip des Bösen galt; das war die Grundlage des Ganzen. Von hier aus ging eine umfassende «Reinigung» aus, die alle Aspekte des Lebens im Dritten Reich einbezog: Vorfahren, persönliche Beziehungen, öffentliche Ämter, alle Bereiche der Wirtschaft wie auch der Kultur. Auch die Religion wurde nicht vergessen. Ende der 1930er Jahre durften konvertierte Juden nicht mehr Pfarrer sein (es gab insgesamt 30 von ihnen), und alle konvertierten Juden sollten das Schicksal der übrigen teilen. Beim Alten und Neuen Testament hatten deutsche Christen keine Ruhe, bis Jesus zum Arier gemacht und alle Spuren des Judentums aus der Bibel getilgt waren. Manche Christen protestierten, aber Millionen schwiegen.

Die Vernichtung der europäischen Juden wurde zuerst durch Gerüchte in Deutschland und natürlich viel verbreiteter in ganz Osteuropa bekannt. Die Alliierten bestätigten die Vernichtung Ende 1942 offiziell. Der Vatikan war durch das Netzwerk seiner Geistlichen in den besetzten Ländern besonders gut informiert, doch der Papst schwieg, und in der Bevölkerung des besetzten Europa regte sich kein nennenswerter Widerstand. Es gab heimliche Hilfe für die Opfer, aber nur in geringem Maße.

Auf den ersten Blick zerbrachen die grundlegenden Werte der westlichen und besonders der christlichen

Kultur. Tatsächlich aber hatte ein zwei Jahrtausende alter Hass, ein zwei Jahrtausende alter Argwohn den Boden für die jüdische Katastrophe des 20. Jahrhunderts bereitet. Obwohl der Nationalsozialismus ein modernes Phänomen war, war seine antijüdische Dimension in den alten antijüdischen Lehren der katholischen, evangelischen und orthodoxen Kirchen verwurzelt. Die NS-Ideologie hätte ihre exterminatorischen Ziele nicht ohne die aktive Mitwirkung Hunderttausender Deutscher auf allen Ebenen der Gesellschaft erreicht, ob Parteimitglieder oder nicht, und ohne die passive Hinnahme durch Millionen Deutsche und auch durch Millionen andere Europäer. Deutsche, die das Regime in zentralen Fragen kritisierten, wie Clemens von Galen, der Bischof von Münster, bei der Euthanasie, sagten kein Wort über das Schicksal der Juden. Selbst Mitglieder des Widerstands gegen Hitler wie Carl Goerdeler waren bis zum Ende erklärte Antisemiten. Bei den Prozessen nach dem Attentat vom 20. Juli 1944 stimmten viele Angeklagte mit Einschränkungen den antijüdischen Maßnahmen des Regimes zu. Zum Schluss waren ungefähr sechs Millionen Juden vernichtet.

II.

Das postkoloniale Denken versucht zu beweisen, dass die Vernichtung des europäischen Judentums ein Genozid wie jeder andere war, nämlich ein Töten aus konkreten und praktischen Überlegungen. Daher versuchen die postkolonialen Theoretiker möglichst oft die Worte «Kolonialismus» oder «Imperialismus» zu verwenden, wenn sie das Schicksal der Juden Europas beschreiben: Es gab deutsche Juden, die von Kolonien träumten; die Nationalsozialisten sahen Deutschland als Kolonie der Juden; die Mehrheit der ermordeten Juden waren keine Deutschen, sondern Ausländer, meist Osteuropäer, d.h. Sklaven des NS-Imperiums; die Ausrottung jedes einzelnen Juden sollte die künftige Sicherheit des deutschen Imperiums garantieren usw.

Das häufigste Argument, um den Holocaust als einen Fall von Kolonialgewalt unter anderen zu definieren, ist die Zwangsarbeit. Tatsächlich beuteten die Nazis Juden massiv als Zwangsarbeiter aus, aber nicht, um sie unbegrenzt weiterarbeiten zu lassen. Sie benutzten die Zwangsarbeit als ökonomisch vorteilhafte Methode, sie zu vernichten. Bei der Wannsee-Konferenz im Januar 1942, auf der die Grundlagen der «Endlösung» beschlossen wurden, ging Reinhard Heydrich auf genau diesen Punkt ein. Man würde die Juden zum Straßenbau in Nordrussland einsetzen und bereits dadurch ihre Zahl spürbar senken. Mit dem Rest, dem widerstandsfähigsten Element des Judentums, würde man entsprechend verfahren. Später wurde bei der Ankunft der Transporte in Auschwitz systematisch die Mehrheit aus arbeitsunfähigen Deportierten (Kinder, Alte, Kranke, Schwache, usw.) direkt in die Gaskammern geschickt, die anderen als Sklaven benutzt. Die Sklaven mussten bis zum Tod arbeiten oder wurden nach wenigen Monaten vergast. An Nachschub mangelte es nicht.

Zwangsarbeit war eine vorübergehende Phase auf dem Weg zur totalen Vernichtung. Niemand wurde vergessen. Im Juli 1944, einen Monat nach der Landung der Alliierten in der Normandie, während die Rote Armee sich Warschau näherte und das Reich zerbrach, wurden die kleinen jüdischen Fischergemeinden auf Rhodos und Kos festgenommen, auf drei langsamen Kähnen nach Athen gebracht, mit der Bahn nach Auschwitz transportiert und bei der Ankunft vergast.

Obwohl der Holocaust nicht isoliert betrachtet werden sollte, war sein wahrer Kontext nicht der Kolonialismus, sondern die jahrtausendelange Gegnerschaft gegen Juden und Judentum, die neben anderen Faktoren die paranoide NS-Ideologie und ihre obsessiven Purifizierungspraktiken prägte.

III.

In den letzten Jahren gehen postkoloniale Theoretiker vom oben erwähnten Standpunkt aus, um die Gründung des Staates Israel als koloniale Landnahme zu beschreiben, die zur palästinensischen Nakba führte. Obwohl ich die israelische Siedlungspolitik nach dem Sechstagekrieg von 1967 ablehne, ist der Versuch, Israel als letztlich koloniale Schöpfung darzustellen, eine völlig andere und hoch politisierte Aussage.

Die Kolonialherren Palästinas waren das Osmanische Reich und nach dem Ersten Weltkrieg England. Postkoloniale Theoretiker spielen die Tatsache herunter, dass die meisten jüdischen Einwanderer im Osmanischen Reich Flüchtlinge waren, die vor dem Antisemitismus in Europa flohen, und dass die Idee eines «Judenstaates» selbst bei Theodor Herzl durch die Welle des französischen Antisemitismus entstand, die von der Dreyfus-Affäre ausgelöst wurde, und bei Leon Pinsker durch die russischen Pogrome der Jahrhundertwende. Mit Hitlers Machtantritt wurde die Emigration nach Palästina zum einzigen Ausweg für deutsche Juden. Bald wurden die Tore Palästinas geschlossen. Nach dem Krieg hatten die Überlebenden des Holocaust oft keinen anderen Ort, an den sie gehen konnten, und dies blieb weitgehend so in den ersten Jahren der Existenz Israels. Aus palästinensischer Sicht waren und sind die jüdischen Einwanderer Kolonisten. Aus jüdischer Sicht war Palästina und dann Israel vor 1967 vor allem eine Zuflucht für Flüchtlinge.

*

Die gegenwärtige Debatte in Deutschland über den Holocaust als postkoloniales Projekt geht mehr oder weniger stillschweigend von denselben Postulaten aus, aber meist indirekt, etwa im Blick auf die deutsche Erinnerungskultur. Nach dieser Auffassung ist die heutige Erinnerungskultur Deutschlands, in deren Zentrum wesentlich der Holocaust steht, ein erstarrter, eingefrorener «Katechismus». Ihre Ursprünge seien gerechtfertigt gewesen, aber zu Beginn des 21. Jahrhunderts sei sie zu einer Art «Fetischisierung» des Holocaustgedenkens geworden. Diese fetischisierte Erinnerungskultur werde wiederum zynisch instrumentalisiert, um das deutsche Image in den Augen mysteriöser «israelisch-amerikanischer Eliten» zu stärken und – anscheinend vor allem – deutsche Militärhilfe an Israel zu rechtfertigen, trotz Israels Behandlung der Palästinenser.

In Wirklichkeit entwickelte die deutsche Erinnerungskultur sich sehr langsam über drei Generationen und hat nichts mit einer verborgenen politischen Agenda zu tun. In den beiden Jahrzehnten nach Kriegsende war fast die gesamte westdeutsche Bevölkerung auf den Wiederaufbau fixiert und davon überzeugt, sie stände als Demokratie auf der Seite anderer Demokratien im Kampf gegen den kommunistischen Totalitarismus und hätte außerdem die vage wahrgenommenen NS-Verbrechen dadurch gesühnt, dass sie dem jüdischen Staat Wiedergutmachungsleistungen zahlte. In den politischen Eliten der Bundesrepublik gab es viele frühere NSDAP-Mitglieder. Ostdeutschland wiederum betrachtete sich als rechtmäßigen Nachfolger des kommunistischen Widerstands und trug daher per definitionem keine Last der Vergangenheit. Das Erbe des «Faschismus» sah es allein auf der westlichen Seite. Obwohl der Prozess gegen Adolf Eichmann in Jerusalem 1961 und die Frankfurter Auschwitz-Prozesse der 1960er Jahre vorübergehend Widerhall fanden, hatten sie keinen tiefen Einfluss auf die westdeutsche «Unfähigkeit zu trauern». Erst am Ende des Jahrzehnts und zu Beginn der 1970er Jahre öffnete die Studentenbewegung die Büchse der Pandora mit der «Befragung der Väter». Auch das dauerte nicht an. Seltsamerweise war die kitschige Hollywood-Serie «Holocaust», die am Ende der 1970er Jahre lief, für die meisten Deutschen anscheinend eine Offenbarung über die an den Juden begangenen Verbrechen. Von da an breitete die Debatte sich spürbar aus und griff nach dem Ende der DDR auf ganz Deutschland über. Neben den politischen und kulturellen Veränderungen ist es das Kommen der dritten Nachkriegsgeneration in den 1990er Jahren, die eine vollständige Entfaltung einer Erinnerungskultur zu Beginn unseres Jahrhunderts erlaubte. Dies nennt der postkoloniale Diskurs eine «Fetischisierung» des Holocaust und seine zynische Ausbeutung.

Die implizite Verknüpfung der deutschen Unterstützung für die israelische Verteidigung mit der allgemeinen Richtung der postkolonialen Argumentation über den Holocaust lässt sich so zusammenfassen: Der Holocaust ist ein Beispiel extremer kolonialer Gewalt; Israel übt eine gewaltsame Kolonialherrschaft über die Palästinenser aus; Deutschlands Unterstützung für Israel bedeutet die Unterstützung für einen Staat, der Nazi-ähnliche Gewalt über eine unterworfene Bevölkerung ausübt.

Lassen Sie mich wiederholen, dass ich seit 1967 für eine Zwei-Staaten-Lösung des israelisch-palästinensischen Konflikts und gegen jüdische Siedlungen in den besetzten Gebieten eintrete. In einem Dialog mit zwei Palästinensern, den der französische Journalist Jean Lacouture 1974 moderierte, schlug ich sogar vor, Jerusalem wieder zu teilen (*Arabs and Israelis: A First Dialogue*. New York, 1975). Leider scheint eine Lösung des Konflikts heute in weiter Ferne zu liegen, und nicht allein als Folge der israelischen Politik. Verständlicherweise hat palästinensische Frustration zur Radikalisierung und immer stärkeren Unterstützung für die islamistische Hamas geführt, die kein Abkommen mit Israel, sondern sein Verschwinden will. Heute unterstützt der Iran nicht nur die schiitische Hisbollah im Norden (Libanon), sondern auch die sunnitische Hamas im Süden. Trotz dieser Entwicklungen kann ich, wie fast die Hälfte der israelischen Bevölkerung, nur auf eine Entspannung zwischen Israel und den Palästinensern hoffen, die zu stufenweisen Regelungen führt, um einen Weg zum Frieden zu eröffnen. Unter den gegenwärtigen Umständen ist die deutsche Unterstützung für Israel aber nicht falsch.

Die aktive deutsche Unterstützung Israels hat eine lange Tradition. 1985, vierzig Jahre nach Kriegsende, bekannte sich Bundespräsident Richard von Weizsäcker zu Deutschlands historischer Verantwortung für die Judenvernichtung. Eine deutsche Verantwortlichkeit für die Juden und Israel hatte aber bereits Bundeskanzler Konrad Adenauer anerkannt, als er 1952 das Wiedergutmachungsabkommen mit Israel und der Jewish Claims Conference unterzeichnete.

Für einige postkoloniale Theoretiker, so scheint es, haben diese Dinge höchstens noch historische Relevanz; sie sind von gestern. Die deutsche Erinnerungskultur, die nach 1945 über viele Jahrzehnte gewachsen ist, hat ihren Dienst getan, nun gelte es, Platz für Neues zu schaffen, für einen umfassenden Blick auf die globale Gewaltgeschichte der vergangenen Jahrhunderte. Die Postcolonial Studies erscheinen dabei manchmal als eine marginalisierte Disziplin, der es endlich zum Durchbruch zu verhelfen gelte, um allen Gewaltopfern historische Gerechtigkeit widerfahren zu lassen.

Wie bedeutend oder unbedeutend die postkolonialistische Theorie in Deutschland ist, kann ich nicht einschätzen. In den USA hat das postkoloniale Denken längst die Universitäten erobert, und auch im Kongress ist es fest verankert. Zugleich verzeichnen pro-palästinensische und anti-israelische Bewegungen starken Zulauf. Insbesondere die Organisation BDS (Boykott, Desinvestitionen und Sanktionen) wird von einer zunehmend militanten – und oft gewaltbereiten – Koalition von Protestgruppen unterstützt, darunter auch Teilen der Black-Lives-Matter-Bewegung sowie diversen Akademikern und Politikern.

Gewiss: Nicht alle, die sich unter dem Banner der postkolonialen Kritik versammeln, sind Feinde Israels, und diejenigen, die sich offen antisemitisch äußern, mögen nur eine Minderheit sein. Der Antisemitismus in den USA aber hat im Zuge der jüngsten Proteste beunruhigende Ausmaße angenommen. Gewaltsame Massenausbrüche von Judenhass sind in den Vereinigten Staaten relativ neu. Leider scheinen sie inzwischen eine recht häufige Begleiterscheinung von Black-Lives-Matter-Demonstrationen zu sein. Dies sollte zur Kenntnis nehmen, wer das Holocaust-Gedenken aus postkolonialer Perspektive kritisiert und raunend von «amerikanischen und israelischen Eliten» spricht. Der Antisemitismus war damals eine mörderische Kraft, und er ist auch heute gefährlich, ganz gleich aus welcher Richtung er kommt.

Norbert Frei

Deutsche Vergangenheit und postkoloniale Katechese

Vermutlich war das Datum ein Zufall, aber es war nicht ohne Symbolik: Am 23. Mai 2021, dem Jahrestag der Verkündung des Bonner Grundgesetzes, dekretierte der australische Historiker Dirk Moses auf dem Internet-Portal *Geschichte der Gegenwart*, es sei an der Zeit, dass sich die Deutschen von jenem «Katechismus» verabschiedeten, den ihnen selbsternannte «Hohepriester» als Konsequenz aus dem Historikerstreit von 1986/87 verordnet hätten. Im Jahrzehnt danach nämlich hätten alt-bundesrepublikanische Linke und Liberale in dem Wunsch, von «amerikanischen, britischen und israelischen Eliten» akzeptiert zu werden und die «geopolitische Legitimität» des vereinten Deutschland zu sichern, ältere konservative Vorstellungen von nationaler Ehre und Tradition abgeräumt und stattdessen die Erinnerung an den Holocaust als Zivilisationsbruch und «heiliges Trauma» durchgesetzt. Seitdem gelte jeder Vergleich mit anderen Genoziden, Rassismen und Kolonialverbrechen als «Abfall vom rechten Glauben»[1].

Der verächtliche Ton und die Flut religiöser Metaphern – die Rede ist von «priesterlichen Zensoren», von «Heilsgeschichte», «Wiederauferstehung» und einem «christologisch geprägten Erlösungsnarrativ», dem eine ganze Generation von Deutschen erlegen sei – haben Moses einige Kritik eingetragen. Doch etliche Historikerinnen und Kulturwissenschaftler beeilten sich, vom Stirnrunzeln über die Sprache zum Lobpreis der Sache zu kommen: Das Anliegen des in den USA lehrenden Professors für globale Menschenrechtsgeschichte und seine Agenda als Postkolonialismus-Forscher verdiene jede Unterstützung, sowohl fachlich als auch politisch. Kaum jemand bezweifelte die Plausibilität seiner Behauptung, wonach «deutsche Eliten» den Holocaust instrumentalisieren, um andere historische Verbrechen «auszublenden». Dabei ist schon die Erzählung, wie es zu dem behaupteten «Katechismus» gekommen sei, voller Verkürzungen und Verdrehungen.

I.

Wer die Geschichte des Umgangs der Deutschen mit ihrer nationalsozialistischen Vergangenheit verstehen will, darf sich nicht auf die Entwicklung seit dem Historikerstreit beschränken. Denn die damalige Kontroverse um die Singularität des Judenmords war ihrerseits Ergebnis einer langen, dialektischen Geschichte von Aufklärung und Verdrängung. Im Grunde reicht sie zurück bis in die letzten Kriegswochen, als die vorrückenden alliierten Truppen die Deutschen mit der verbrecherischen Wirklichkeit der gerade befreiten Konzentrationslager in ihrer Nachbarschaft konfrontierten.

«Wir haben von den Dingen gewusst», lautete der Schlüsselsatz einer Rede, mit der Bundespräsident Theodor Heuss im November 1952 – nicht zum ersten Mal – dem offensiven Vergessenwollen der post-nationalsozialistischen Volksgemeinschaft entgegentrat. Anlass war die Einweihung des Mahnmals in Bergen-Belsen, das nicht etwa auf deutsche Initiative zustande gekommen war, sondern aufgrund der Empfehlung einer internationalen Kommission, in der auch Überlebende des Lagers mitgewirkt hatten. Abgefedert hatte Heuss sein präsidiales Diktum mit einer Reihe sorgsamer Erläuterungen: So habe er, wie zweifellos viele seiner Landsleute, «das Wort Belsen zum ersten Mal im Frühjahr 1945 aus der BBC gehört». Das ändere aber nichts daran, dass man sich als Deutscher die «innere Freiheit» zutrauen müsse, «die volle Grausamkeit der Verbrechen, die hier von Deutschen begangen wurden, zu erkennen». Die Scham, die daraus resultiere, «nimmt uns niemand, niemand ab».

Was über diesen Sätzen unterging, war eine Bemerkung, mit der sich der Bundespräsident auf seinen Vorredner Nahum Goldmann bezog, der namens des Jüdischen Weltkongresses gesprochen hatte. Wie wohl niemand zuvor im Nachkriegsdeutschland hatte Goldmann die Präzedenzlosigkeit des millionenfachen Judenmords ins Zentrum gestellt.[2] Heuss griff diese Schilderung auf, beschrieb mit großer Genauigkeit die Situation kurz vor Kriegsende in Belsen, wo «gerade die Juden, die noch irgendwo greifbar waren, vollends verhungern oder Opfer der Seuchen» werden sollten – und gelangte zu einer Einsicht, die Hannah Arendts berühmt gewordene Worte («Dieses hätte nicht geschehen dürfen.») nahezu vorwegnahm: «Dabei war etwas Neues geschehen.»[3]

In Deutschland wie insgesamt in der nichtjüdischen Welt blieb das «Verbrechen ohne Namen» (Churchill) bekanntermaßen noch lange ohne eigenen Begriff; erst Anfang der sechziger Jahre trat «Auschwitz» als Metapher an die Stelle von Bezeichnungen aus der Sprache der Täter («Endlösung», «Judenvernichtung»)[4]. Die Formulierung, die Heuss, den «Zivilisationsbruch» erspürend, in Belsen gefunden hatte, war gleichsam ihrer Zeit voraus. Sie stand quer zu einer Stimmungslage, in der sich die deutsche Mehrheitsgesellschaft vor allem selbst als Opfer sehen wollte: des «Verführers» Hitler, des alliierten Bombenkrieges, von Flucht, Vertreibung, Entnazifizierung und einer vermeintlichen «Siegerjustiz». Angesichts solcher Verhältnisse erklärt sich, warum Adenauer das Wiedergutmachungsabkommen mit Israel und seine Politik der Entschädigung für die Opfer der NS-Verfolgung geradezu im Verborgenen vorantrieb; als 1953 die Entscheidung darüber im Bundestag anstand, war der Kanzler auf die Unterstützung der sozialdemokratischen Opposition angewiesen.

Noch ein weiteres Faktum mag demonstrieren, wie erinnerungspolitisch gespalten die deutsche Gesellschaft zur Zeit von Heuss' Belsen-Rede tatsächlich war und mit welchen Ambivalenzen die sozialdemokratisch geführte Landesregierung in Hannover rechnen musste, in deren Verantwortung die Gedenkstätte damals überging: Im Mai 1951 hatte die Sozialistische Reichspartei in Niedersachsen mit 11 Prozent der Stimmen ihren bundesweit größten Erfolg errungen – und eben erst, im Oktober 1952, war die faktische Nachfolgeorganisation der NSDAP auf Antrag der Bundesregierung (nach direktem Drängen der Besatzungsmächte) durch das Bundesverfassungsgericht verboten worden.

Wollte man die «Katechismus»-These retten, so fänden sich dafür also noch am ehesten in den frühen fünfziger Jahren ein paar Indizien: Dass über die, wie es damals oft beschönigend hieß, «jüngste Vergangenheit» nicht einfach der Mantel des Schweigens und Vergessens gebreitet werden könne, war eine Auffassung, zu der sich ein Teil des meist noch der Weimarer Republik entstammenden politischen Spitzenpersonals bekannte und ein überschaubarer Zirkel linker Intellektueller, nicht aber die deutsche Durchschnittsbevölkerung. So betrachtet, waren die kritische Auseinandersetzung mit der Vergangenheit und die politisch-normative Abgrenzung vom Nationalsozialismus zu Anfang der Bundesrepublik tatsächlich eher ein Eliten- als ein Gesellschaftsprojekt: mehr «von oben» betrieben als «von unten» gewünscht.

Genau das aber änderte sich gegen Ende des Jahrzehnts. Denn nicht nur war unterdessen – durchaus mit Blick auf entsprechende Erwartungen in den USA und Westeuropa – eine zeitgeschichtliche Forschung und Lehre in Gang gekommen, die das planvoll herbeigeführte Ende der Weimarer Republik analysierte und das Ausmaß der NS-Verbrechen offenlegte, die sich aber auch der ebenso verlogenen wie anfangs durchaus populären Memoirenliteratur der Wehrmachtgeneräle und Hitler-Getreuen entgegenstellte. In den Universitäten wie im öffentlichen Diskurs artikulierten sich nun zunehmend Vertreter aus der Generation der einstigen Flakhelfer und jungen Frontsoldaten, die ein Mehr an Aufklärung, Demokratie und Bereitschaft zur Selbstkritik verlangten – und die damit nicht zuletzt, wie es in den Medien mittlerweile vielfach hieß, auf die «unbewältigte Vergangenheit» zielten.

Spätestens nach dem Frankfurter Auschwitz-Prozess (1963–1965) brachen die Konventionen jenes diskreten «Beschweigens» individueller Vergangenheiten auf, die Hermann Lübbe zwei Jahrzehnte später als Funktionsmodus der westdeutschen Nachkriegsgesellschaft nicht nur beschreiben, sondern auch ex post noch rechtfertigen sollte. Seit Mitte der Sechziger, als nach den Flakhelfern auch die um 1945 Geborenen die gesellschaftliche Bühne betraten (die später sogenannten Achtundsechziger), konnte noch weniger als zuvor von einer «von oben» kontrollierten Auseinandersetzung mit der Geschichte des «Dritten Reiches» die Rede sein; wohl aber machte sich in der Protestbewegung schließlich der Eindruck breit, die Allgegenwart dieser Vergangenheit kontaminiere geradezu die bundesrepublikanische Demokratie.

Wahrscheinlich hing es mit dieser Wahrnehmung eines «alltäglichen Faschismus» zusammen, dass die konkrete NS-Geschichte im nachfolgenden «roten Jahrzehnt» (tatsächlich eines nicht nur des linken, sondern auch des rechten Terrorismus) kein großes Thema war; eine Ausnahme bildete 1978 der spektakuläre Rücktritt des baden-württembergischen Ministerpräsidenten und einstigen Marinerichters Hans Filbinger, der während des Krieges mehrere Todesurteile wegen Fahnenflucht verhängt hatte. Die eigentümlich ahistorischen siebziger Jahre endeten allerdings schlagartig im Januar 1979 mit der Ausstrahlung der amerikanischen Fernsehserie «Holocaust». «Eine Nation ist betroffen», hieß es ganz zu Recht im Untertitel eines rasch danach produzierten Taschenbuchs. Was folgte, war ein Boom der zeitgeschichtlichen Regional- und Alltagsforschung und – gesellschaftlich noch weitaus bedeutsamer – eine hauptsächlich von der Achtundsechziger-Generation getragene Geschichtswerkstätten-Bewegung, deren Engagement für «vergessene Opfer» und «authentische Orte» von NS-Verbrechen viele Fundamente der heutigen Gedenkstättenlandschaft überhaupt erst legte.

Charakteristisch für die konkrete Auseinandersetzung mit der NS-Vergangenheit in den achtziger und neunziger Jahren war die Dominanz gesellschaftlicher Akteure. Wo Staat und Politik in Aktion traten – und das war seit dem 50. Jahrestag der nationalsozialistischen Machtübernahme 1983 zu «runden» Gedenkanlässen oft der Fall –, waren Streit und öffentliche Gegenrede meist nicht weit; zu sehr erschien die etatistische Geschichtspolitik des neuen Bundeskanzlers und studierten Historikers Helmut Kohl als Konsequenz seiner angekündigten «geistig-moralischen Wende». Anders allerdings die Reaktionen auf Richard von Weizsäckers Rede zum 8. Mai 1985: Wohl auch wegen Kohls vorangegangenem Versöhnungs-Fiasko mit US-Präsident Ronald Reagan auf dem Soldatenfriedhof in Bitburg (auf dem auch Gefallene der Waffen-SS lagen), erntete der Bundespräsident dafür höchste Anerkennung im In- und Ausland. Weitgehend unter ging damals, dass Weizsäcker in manchen Passagen nur seinen Vorgängern gefolgt war – so etwa Heuss' Feststellung hinsichtlich des «Wissens» über die Judenverfolgung oder Walter Scheels Formulierung vom «Tag der Befreiung».

Das folgende Jahrzehnt, in dem den Deutschen angeblich ein nationaler «Katechismus» verordnet wurde, war tatsächlich durch lebhafteste öffentliche Diskussionen geprägt. Dass dabei auch internationale Entwicklungen eine wachsende Rolle spielten, verdeutlicht schon die Aufzählung nur der wichtigsten erinnerungspolitischen Ereignisse und Kontroversen der späten achtziger und neunziger Jahre: von Philipp Jenningers verunglückter Kristallnacht-Rede 1988 über Steven Spielbergs *Schindlers Liste* (1994), den 50. Jahrestag des Kriegsendes, die sogenannte Wehrmachtsausstellung und die Goldhagen-Debatte bis hin zu Martin Walsers Friedenspreisrede von 1998. All das war kein Oktroi ominöser «Eliten», sondern Ausdruck gesamtgesellschaftlicher Selbstverständigungsbedürfnisse im Zeitalter eines global gewordenen Holocaust-Bewusstseins, das in der «Stockholmer Erklärung» vom Januar 2000 wohl seinen Gipfelpunkt erreichte.

Ziemlich zur selben Zeit begann die Arbeit mit dem auf Empfehlung einer Enquete-Kommission des Deutschen Bundestages verabschiedeten «Gedenkstättenkonzept» der Bundesregierung. Es ermöglicht seit mittlerweile zwei Jahrzehnten, dass neben den großen Konzentrationslager-Gedenkstätten (und den Stätten der Erinnerung an die SED-Diktatur) viele der einst von lokalen und regionalen Aktivisten begründeten Orte der NS-Geschichte in der «alten» Bundesrepublik, aber auch neuere bürgerschaftliche Initiativen in Ostdeutschland, infrastrukturelle Unterstützung erfahren. Diese finanzielle Selbstverpflichtung des Bundes ist angesichts der von den Gedenkstätten übernommenen historisch-politischen Bildungsaufgaben praktisch unumgänglich geworden. Aber sie bedeutet weder, dass die Einrichtungen staatlichen Weisungen unterliegen, noch, dass sie ihre Arbeit ohne entsprechende Unterstützung aus der Gesellschaft, etwa in Gestalt von Fördervereinen und Freiwilligenprojekten, wirkungsvoll leisten könnten.

In einer eingehenden Antwort auf Dirk Moses hat der Zeithistoriker Jacob Eder (Jahrgang 1979) geschildert, wie sehr seine Generation durch die erinnerungspolitischen Kontroversen und Widersprüchlichkeiten der neunziger Jahre geprägt und motiviert wurde. Und er hat sich gegen die «beinahe zynisch» anmutende Unterstellung verwahrt, damals «zur Befolgung eines ‹Katechismus›» angehalten worden zu sein: «Die Schlussfolgerungen und ‹Lehren› dieser Generation mögen unter dem heutigen globalen Paradigma kurzsichtig oder provinziell erscheinen. Aber die breite deutsche Öffentlichkeit fing damals eben gerade erst an, den zu engen Fokus auf den deutschen Kontext zu überwinden und über die Auswirkungen der NS-Verfolgungs- und Vernichtungspolitik im Osten Europas und der Sowjetunion zu erfahren und zu diskutieren.»[5] Ähnliches galt, wie Eder zu Recht bemerkt, für die zeitgeschichtliche Holocaust-Forschung, die in der Bundesrepublik, aber auch international, erst in den neunziger Jahren vermittels empirischer Regionalstudien wirklich Fahrt aufnahm.

II.

Die überragende Aufmerksamkeit, die der Judenmord in den vergangenen etwa drei Jahrzehnten in Deutschland wie in der gesamten westlichen Welt gefunden hat, soll nun – und darin liegt eine gleichsam umgekehrte Parallele zum Historikerstreit der achtziger Jahre – relativiert werden, um «Platz» zu schaffen für historiographisch und politisch bisher zu wenig beachtete Genozide, die zeitlich vor und nach dem Zweiten Weltkrieg stattgefunden haben.

Tatsächlich beginnen sich die Deutschen (wie die meisten Europäer) für die Verbrechen ihrer Kolonialvergangenheit gerade erst zu interessieren. Aber richtig ist doch auch: Die immer wieder aufflackernde Raubkunst-Debatte – etwa um die sogenannten Benin-Bronzen – und die Diskussionen um die Bestückung des Berliner Humboldt-Forums finden öffentliche Resonanz in einem Maße, das in eine neue Richtung weist. Gleiches gilt für die von früheren Bundesregierungen terminologisch verweigerte, unter der Kanzlerschaft von Angela Merkel im Sommer 2021 aber ausgesprochene Anerkennung des Völkermords an den Herero und Nama, den deutsche Kolonialtruppen zwischen 1904 und 1908 im heutigen Namibia begingen.

Erinnerungspolitisch ist also einiges in Bewegung. Deshalb fällt es schwer, die postkoloniale Kritik an der behaupteten Provinzialität der deutschen Gedenkkultur zum Nennwert zu nehmen. Betrachtet man Moses' Einwände gegen die angeblichen fünf Gebote des «Katechismus der Deutschen» genauer, wird allerdings auch klar, dass es um Verbesserungen – etwa der zeitgeschichtlichen Bildungsarbeit in einer postmigrantischen Gesellschaft – gar nicht geht. Ziel ist vielmehr die Etablierung neuer Regeln: Der Holocaust soll in seinen «historischen Kontext» gestellt, sprich: er soll gegenüber anderen Genoziden relativiert werden. Zugleich soll der Antisemitismus als bloße Unterform eines ubiquitären Rassismus verstanden werden. Und keinesfalls darf weiterhin die Einsicht gelten, dass Antisemitismus sich als Antizionismus verkleiden kann. (Letzteres war einer der Gründe für die Resolution, mit der sich der Deutsche Bundestag im Mai 2019 gegen die BDS-Bewegung und deren Israel-Boykott stellte.)

Moses' Mixtur aus derber Polemik und aktivistischer Agenda ist freilich nicht nur für Verfechter linker Identitätspolitik attraktiv, sondern auch für die intellektuelle Rechte. Kaum war der Beitrag online, titelte Martin Sellner auf der Homepage der neurechten Zeitschrift *Sezession*, das Lieblingswort der Holocaust-Leugner vorsichtshalber in Anführungszeichen setzend: «Postkoloniale Angriffe auf den ‹Auschwitz-Mythos›». Angelehnt an Sigmund Freud diagnostizierte der führende Kopf der österreichischen Identitären einen «Narzissmus der kleinen Differenzen» innerhalb des – selbstredend verabscheuten – «ethnomasochistischen» Lagers. Immerhin, so Sellner, seien die «zelotischen Binnenkriege» unter den «Scholastikern der deutschen Schuldreligion» ein schöner Baustein für die «rechte Aufgabe» einer «Verwindung des Schuldkults»[6].

Der Umstand, dass ihm dieser Beifall von rechtsradikaler Seite in einigen der Reaktionen auf seinen «Katechismus»-Text vorgehalten wurde, scheint Moses nicht weiter zu stören. Anders dagegen einige Stimmen in seiner postkolonialen Anhängerschaft, die nun Klage führen, dass manche Diskutanten es «riskieren», «Moses in eine bedenkliche Nähe zum intellektuellen Diskurs der deutschen extremen Rechten zu rücken». Und da es nach dieser Logik die Kritiker sind, die für die Wirkung der Thesen des Kritisierten Verantwortung tragen, überrascht es auch kaum noch, dass sich die verwerflichen Motive der Moses-Kritiker bei einer für das völkische Gedankengut als empfänglich abgestempelten «weißen Mehrheitsgesellschaft» finden: «Es ist das Verdienst von Dirk Moses, dass er genau auf diese Mitte hinweist, dass er offenlegt, wie sehr der Schnellroda-Chic bereits einige Ecken des *Feuilletons* färbt, und dass er uns zwingt, uns zu fragen, wann selbst ernannte liberale Kritik in das völkisch-identitäre Gefasel der *Sezession* übergeht.»[7]

Im Unterschied zu Deutschland, wo die Diskussion um den «Katechismus»-Vorwurf bald nach der Online-Publikation auf *Geschichte der Gegenwart* in die Feuilletons der überregionalen Presse übergegangen ist, spielt sie sich in den USA, schon mangels analoger Alternativen, weitgehend auf Fachportalen und auf Twitter ab. Auf der Seite von *The New Fascism Syllabus*, einem der «Erkundung der Neuen Rechten durch Forschung und zivilgesellschaftliches Engagement» gewidmeten Portal, hat der amerikanische Historiker Helmut Walser Smith darauf hingewiesen, dass es in der Tat substantielle Parallelen gibt zwischen der «Schuldkult»-Theorie der radikalen Rechten, wie sie der verstorbene Umwelthistoriker Rolf-Peter Sieferle vertrat, und Moses' Behauptung eines nationalen «Erlösungs-Philosemitismus»: «To narrate Germany's turn to its past as an expectation of national salvation, as did both Sieferle and Moses, dramatically foreshortens two aspects of that turn: how it happened on the ground, and the complexity of the historical landscape. It also makes national memory into a kind of religious war, which it is not.»[8]

Wenn es bei Moses heißt, den «Glaubenswächtern» der deutschen Erinnerungspolitik gelinge es angesichts der demografischen und generationellen Umbrüche immer schwerer, «die Bevölkerung zu disziplinieren», dann bedient das nicht nur die perfidesten Unterstellungen der Rechten; es ist auch von erstaunlicher Bösartigkeit gegenüber den Intentionen all derer, die sich seit Jahrzehnten in Gedenkstätten und Dokumentationszentren um historisch-kritische Aufklärung bemühen. Und es ist weit entfernt etwa von der akademischen Realität: Erst 2018 hat eine sozialwissenschaftliche Studie belegt, dass von einem übergroßen Lehrangebot zum Thema Holocaust an deutschen Universitäten keine Rede sein kann.[9]

Anderes mag für die Geschichte des Umgangs der Deutschen mit ihrer NS-Vergangenheit gelten, die – in etwa parallel zur quellengestützten Erforschung des Holocaust, die durch das Ende der Teilung Europas entscheidend befördert wurde – in den zurückliegenden drei Jahrzehnten zu einem eigenständigen Thema der Historiographie geworden ist. Jeder kritische Blick auf diese Nachgeschichte des Nationalsozialismus, die unter Studierenden und Promovierenden nach wie vor auf großes Interesse stößt, erweist, dass dabei «harte» und «weiche» Aspekte fast immer in Konkurrenz zueinanderstanden: dass Gedenken und Erinnerung noch stets verbunden war mit mühsamer Offenlegung und Überwindung konkreter vergangenheitspolitischer Interessen. Aber die nüchterne Analyse zeigt zugleich, dass alle Zuversicht in diesem Prozess auf die Erkenntnis der Unabschließbarkeit nicht nur der Auseinandersetzung mit dem Holocaust, sondern auch seiner Nachgeschichte angewiesen ist.

Es bedarf keines Studiums der Geschichte, um zu begreifen, dass jede Gegenwart ihre «blinden Flecken» hat. Wer dies versteht und nicht in Vorurteilen gefangen ist, kann kein Problem damit haben, der Erinnerung an die Kolonialverbrechen einen größeren Platz im deutschen, europäischen oder «westlichen» Gedächtnis einzuräumen, als dies bisher der Fall gewesen ist. Doch er oder sie muss deshalb die kritische Auseinandersetzung mit dem Holocaust nicht beiseiteschieben. Und wer die perspektivische Gebundenheit aller historischen Einsicht kennt, der wird nicht glauben, dass die gegenwärtige Konjunktur der postkolonialen Erinnerung einen Endpunkt markiert.

Sybille Steinbacher

Über Holocaustvergleiche und Kontinuitäten kolonialer Gewalt

Der Holocaust darf in Deutschland also nicht mit anderen Völkermorden verglichen werden. Und weil dem so ist, lassen sich andere historische Massenverbrechen einfach mir nichts, dir nichts übergehen und aus dem Bewusstsein der Öffentlichkeit ausblenden. Dafür, dass das klappt, sorgen penibel wachende Zensoren respektive «selbsternannte Hohepriester», denn am Vergleichsverbot, so Dirk Moses, Schöpfer des «Katechismus der Deutschen», hänge hierzulande das nationale Selbstverständnis. – Mit Verlaub, das ist Unsinn, und Moses, der ihn sich ausdenkt, sollte das wissen.

Seit dreißig Jahren widmet sich die Forschungsdisziplin, der er angehört, der vergleichenden Genozidforschung. Dass sie in der Zeit des Jugoslawienkriegs entstand, ist kein Zufall. So lange dauerte es, bis die UN-Konvention von 1948 zur Ächtung des Völkermords, die den gesamten Kalten Krieg über wirkungslos geblieben war, schließlich Beachtung fand. Die Vorgänge auf dem Balkan riefen weltweit Abscheu hervor und ließen den Ruf laut werden, der Gewalt Einhalt zu gebieten, die Rechtsverstöße zu ahnden und die Täter vor Gericht zu bringen. In diesem Kontext formierte sich die vergleichende Genozidforschung als interdisziplinäres, sozialwissenschaftlich dominiertes Fachgebiet. Beteiligt daran sind seither die Rechtswissenschaft, die Soziologie, die Politologie, die Ethnologie, die Anthropologie und die Geschichtswissenschaft. Es geht dabei darum, die Komplexität organisierter Gewalt zu erforschen, durch Vergleiche einzuordnen, nach Entwicklungsphasen, Systematiken und Mustern von Gewalt zu fragen, um am Ende Wege zu finden, ihr künftig vorzubeugen.

Dass das Fachgebiet entstanden ist und sich rasch akademisch etabliert hat – mit eigenen Instituten und wissenschaftlichen Zeitschriften –, zunächst im angloamerikanischen, bald auch im deutschsprachigen Raum, zeugt von der Sensibilisierung der Zeitgenossen und -genossinnen für die Massenverbrechen auf dem Balkan und anderswo in der Welt, außerdem vom Bedürfnis nach Orientierung und der Hoffnung wie dem Anspruch darauf, Völkermorde verhindern zu können. Gegenwartsbewusst war seinerzeit freilich auch die (schon länger bestehende) Holocaustforschung. Raul Hilberg, Autor des großen Werkes über die «Vernichtung der europäischen Juden», beendete die letzte Ausgabe seines 1961 erstmals veröffentlichten und später mehrfach aktualisierten Buches unter dem Eindruck der Geschehnisse in Ruanda – illusionslos und in seiner typischen Lakonie – mit den Worten «History had repeated itself».[1] Kein Zweifel bestand für ihn an der kolonialen Vorgeschichte des Genozids im Osten Afrikas.

Ein Brückenschlag zwischen der vergleichenden Genozidforschung und der Zeitgeschichtsforschung über den Holocaust, das sei konstatiert, ist bis heute nicht gelungen.[2] Das liegt nicht nur am früh erhobenen Vorwurf der Genozidforscher, in der Konzentration auf den Massenmord an den europäischen Juden liege eine nationalstaatliche Verengung auf die deutschen Verbrechen. Es lag und liegt vielmehr auch in dem Umstand begründet, dass aus der fachlichen Heterogenität der vergleichenden Genozidforschung, zu der die Postcolonial Studies in enger Beziehung stehen, mit der Fülle an unterschiedlichen Ansätzen auch methodische Unschärfen entstanden sind. Aus Sicht der quellengestützt arbeitenden Zeitgeschichtsforschung über den Holocaust haben sich deren Fragestellungen zunehmend von der Empirie entfernt. Hinzu kommt, dass Ereignis-

und Erinnerungsgeschichte umstandslos miteinander vermengt werden.

Den Vergleich praktiziert freilich auch die historische Holocaustforschung. Und es bedarf keiner Begründung, schon gar keiner Rechtfertigung, Völkermorde zueinander in Bezug zu setzen. Ein Vergleich relativiert oder verharmlost nicht, sondern macht Gemeinsamkeiten und Unterschiede sichtbar, sorgt also für Klärung und Erkenntnis, nicht für Gleichsetzung. Durchs Vergleichen können aber auch Blindstellen entstehen, weil womöglich gar nicht erst in den Blick kommt, was nicht in die Vergleichsanordnung passt, bei der es – gewissermaßen wie im naturwissenschaftlichen Experiment – darum geht, einzelne Faktoren herauszupräparieren. Wie zeitbedingt und interessenbesetzt historische Vergleiche außerdem sind, führt die Totalitarismustheorie mit ihrem Vergleich zwischen Nationalsozialismus und Stalinismus anschaulich vor Augen, die nicht grundlos im Kalten Krieg zur Hochblüte kam. Der Vergleich ermöglichte es, die Verbrechen des Dritten Reiches zu relativieren.

Es stimmt: Über keinen anderen Völkermord wurde so viel geforscht und über keinen ist heute so viel bekannt wie über den Holocaust. Die Fragestellungen, die dabei entwickelt wurden, die methodischen Zugriffe und multikausalen Erklärungsansätze der Holocaustforschung gaben der vergleichenden Genozidforschung Orientierung und lieferten ihr Leitlinien. Ihr Ansatz ist es, den nationalsozialistischen Judenmord in die globale Gewaltgeschichte des 20. Jahrhunderts einzubinden. Der systematische Mord an den europäischen Juden war demnach eines von vielen staatlich organisierten Verbrechen. Zugleich wird der Holocaust aber als Inbegriff von Völkermord gedeutet und somit zur Blaupause sämtlicher anderer Genozide gemacht. Alle anderen Genozide werden dann daran gemessen. Das ist in sich widersprüchlich und methodisch problematisch. Denn die strukturellen Besonderheiten des Holocaust sind unübersehbar – und nicht in jedem anderen Genozidgeschehen vorzufinden: der unbedingte Vernichtungswille, der noch anhielt, als der Zweite Weltkrieg für Deutschland militärisch schon verloren war, die Systematik des Mordprogramms, dessen geographische Reichweite über das gesamte deutsch besetzte und beeinflusste Europa, und der Umstand, dass die Angehörigen der deutschen Volksgemeinschaft – mindestens als Profiteure und Mitwisser – in die Verbrechen an den Juden einbezogen waren.

Stichwort Einzigartigkeit: Verglichen mit anderen Völkermorden, wie dem an den Herero und Nama oder dem an den Armeniern oder dem an den Tutsi war das einzigartig. Das lässt sich schlichtweg konstatieren. Die vergleichende Genozidforschung sieht das freilich nicht so und lehnt den Begriff ohnehin ab. Erheblich ist es nicht, davon zu sprechen. Denn der Begriff von der Einzigartigkeit spielt für die Untersuchung des systematischen Mords an den europäischen Juden und seiner Besonderheiten weniger eine Rolle als für die Erfahrungs- und Erinnerungsgeschichte der Überlebenden. Auseinandergehalten wird das in der komparativen Forschung indes nicht. Der Streit zwischen den Disziplinen über den Terminus von der Einzigartigkeit hält seit den neunziger Jahren an. Damals ging es darum, wie der Genozidbegriff auszulegen sei und welche Opfergruppen künftig darunter fallen würden. Die Rede von der Einzigartigkeit ist theologisch grundiert und kam erstmals vermutlich schon während des Holocaust in den Gettos auf. Unter Überlebenden spielte der Terminus in den USA später wieder eine Rolle und stand im Zentrum einer komplexen theologisch-philosophischen Diskussion. Um die öffentliche moralische Anerkennung als Leidtragende der nationalsozialistischen Verfolgungs- und Mordpolitik ging es dabei in den sechziger Jahren auch. Ob man den Begriff, der kein analytischer ist, nun verwendet oder nicht – ein Unvergleichbarkeitspostulat geht damit nicht einher.

Lässt sich der nationalsozialistische Judenmord also in die globale Gewaltgeschichte des 20. Jahrhunderts einbinden? Sicherlich. Aber das nimmt ihm nicht seine strukturellen, wenn man so will, einzigartigen, besser: präzedenzlosen Besonderheiten. Den Holocaust hier einzuordnen erklärt über das, was ihn ausmacht, aber nicht besonders viel, sondern eher über die langen Linien der Gewaltgeschichte des vergangenen Säkulums, und macht das Mordgeschehen schon gar nicht erträglicher – falls das der Sinn des Gleichmachens mit anderen Genoziden sein sollte. Natürlich stand die Verfolgung und Ermordung der Juden durch das nationalsozialistische Deutschland in der Gewalttradition des 20. Jahrhunderts, beispielsweise der Welteroberungsphantasien aus der Kolonialzeit. Das hat nicht erst die vergleichende Genozidforschung herausgefunden. Dieser Spur ging vielmehr in den sechziger Jahren schon Andreas Hillgruber in seiner Habilitationsschrift über Hitlers Politik und Kriegsführung nach, in der er zeigt, wie stark rassenideologisch motiviert die Expansionspolitik des Dritten Reiches war und wie sehr es dabei um den Erwerb von Kolonial-, sprich Lebensraum in Ostmitteleuropa ging.[3]

Eine intensive Debatte über die kolonialen Bezüge des Nationalsozialismus stieß zu Beginn des neuen Jahrtausends dann Jürgen Zimmerer an, als er den Völkermord an den Herero und Nama in Deutsch-Südwestafrika 1904/05 als Teil der «Vorgeschichte des Holocaust» deutete. Ohne diese koloniale Vorstufe, so der Genozidforscher, sei der Massenmord an den europäischen Juden nämlich nicht denkbar, was die Holocaustforschung jahrzehntelang übersehen habe. «Von Windhuk nach Auschwitz», so seine These, führte demnach der mörderische Weg.[4] Diskutiert wurde darüber in akademischen Kreisen heftig; die Feuilletons interessierten sich dafür noch nicht so sehr. Die Behauptung garantierte Aufmerksamkeit und löste Widerspruch aus, nicht anders als heute, da sie in ähnlicher Weise und mit besonders viel Verve wiederholt wird. Die Rede ist jetzt, sprachlich nicht ganz leicht zu durchdringen, von «diskursiver Kontinuität» und «Funktionsäquivalenz» zwischen Kolonialverbrechen und Holocaust[5]. Damals stellte sich in der Debatte rasch heraus, dass viele der behaupteten Verbindungen nicht nachzuweisen waren, wie beispielsweise personelle Kontinuitäten und generationelle Bezüge. Von Ausnahmen abgesehen besaß unter NS-Funktionären nämlich kaum einer mehr noch koloniale Erfahrungen oder hatte, wie Hermann Göring, einen Vater, der Reichskommissar in Deutsch-Südwestafrika gewesen war.

Insgesamt fiel die Debatte über den Zusammenhang von Kolonialismus und Holocaust erhellend aus. Dass sie angestoßen wurde, war ein Gewinn. Erhellend, weil sie die Verbindungen zwischen deutschem Ostimperium und Kolonialpolitik in den Blick rückte und anregte, darüber nachzudenken, wo genau sich ein Kontinuum kolonialer Gewaltgeschichte auftut. Dass die Konzentrationslager eine Erfindung der Kolonialkriege waren, war freilich bekannt – die Nationalsozialisten haben sie fortentwickelt, bis hin zur Erfindung der Vernichtungslager, in denen auch Sinti und Roma systematisch ermordet wurden. Aber deutlich wurde, dass es sich lohnt, danach zu fragen, wie eng der Ostfeldzug, überhaupt die Idee vom Lebensraum «im Osten», an kontinentalimperialistische Bestrebungen der NS-Führung geknüpft war und welche Vorstellungen, Phantasien und Träume unter den Volksgenossen und Volksgenossinnen des Deutschen Reichs damit verbunden waren.

Die Nationalsozialisten setzten auch und vor allem eigene Herrschaftsutopien ins Werk. Dafür brachen sie durchaus mit kolonialen Traditionen, darunter mit der Idee, Afrika zu kolonisieren. So wurde das Kolonialpolitische Amt, 1934 gegründet, 1943 sang- und klanglos geschlossen. Neu an den Herrschaftsutopien des Dritten Reiches war eine noch nie dagewesene rassistische Radikalität. «Im Osten», dem Terrain des ersehnten künftigen deutschen Großreichs, dessen «Frontier» bis an den Ural reichen sollte, wie der Generalplan Ost zeigt, waren der Gewalt keinerlei Schranken gesetzt. Dass Juden im zu besiedelnden Ost-Raum binnen kurzem nicht mehr am Leben sein würden, davon ging der zwischen 1940 und 1942 konzipierte Generalplan Ost bereits aus. Die «Endlösung der Judenfrage» war nicht Teil dieses in der Tat kolonialistischen Programms, sondern ein ganz eigenes Vorhaben, um die Welt in einen ersehnten Endzustand ohne die zur «Gegenrasse» stilisierten Juden zu versetzen. Die «Endlösung der Judenfrage» stand de facto gerade nicht für eine Kontinuität historischer Entwicklungen, im Gegenteil: Wer den systematischen Mord an sämtlichen Juden Europas plante und in die Tat umsetzte, verbunden mit jeder denkbaren Form ihrer Verachtung, Ausbeutung und Demütigung, für den waren Ideen aus vergangener Zeit eher belanglos. In den Traditionssträngen, so aufschlussreich und wissenswert sie sind, lag nicht die Besonderheit nationalsozialistischen Gewalthandelns. Die lag in der ganz eigenen fanatischen Hemmungslosigkeit.

Über den Holocaust erfährt man also nicht viel, wenn man ihn als Spielart respektive «Spezialfall» des Kolonialismus verstehen will. Wenn es von postkolonialer Seite jetzt fordernd heißt, «Enttabuisiert den Vergleich!»[6], dann geht das ins Leere. Es gibt schlichtweg kein Vergleichstabu. Wie sinnvoll ein Vergleich ist, was er zeigen kann und was nicht, welche Fallstricke ihm innewohnen und welchen Zweck er verfolgt, das sind Fragen, über die sich im Klaren sein muss, wer sich darauf einlässt. Die Holocaustforschung jedenfalls muss nicht fürchten, dass sie, weil sie zur rechten Zeit methodische Skepsis artikuliert, deswegen verstaubt, rückschrittlich oder, wie es höhnisch heißt, «provinziell» sei. Die gesamteuropäische Perspektive auf die nationalsozialistische Mordpraxis, die auch das Thema Kollaboration umfasst, hat die Holocaustforschung längst entwickelt. Und ohne ihre seit langem genuin internationale Ausrichtung und ihr entsprechendes Selbstverständnis ließe sie sich auch nicht betreiben.

Warum findet das Empörungstheater überhaupt statt – das Geschrei vom Vergleichsverbot, vom angeblichen «Fetisch» Einzigartigkeit, vom Holocaust als «heiligem Trauma»? Wozu dienen die Schlachtrufe, die erschallen? Woher kommt der kulturrevolutionäre Furor? Und woher die Gehässigkeit, mit der überzogen wird, wem all das nicht behagt? Eines ist klar: Wenn es heißt, «Gedenkt endlich auch der Opfer kolonialer Gräueltaten!»[7], dann ist das nicht einfach ein Appell an die Deutschen, ihr Bewusstsein zu schärfen für die Massenverbrechen im 20. Jahrhundert – wogegen ja überhaupt nichts spricht, im Gegenteil, denn der Platz für die Würdigung des Leids der Opfer von Völkermorden ist nicht kontingentiert –. auch wenn anderes behauptet wird. Der Aufruf ist vielmehr Ausdruck dessen, wie sehr die komparative und die postkoloniale Forschung inzwischen benutzt werden (und sich benutzen lassen), um zu attackieren. Die Attacke richtet sich gegen die hart erkämpften Errungenschaften der Gedenkkultur hierzulande genauso wie gegen Israel, das stellvertretend gemeint ist, wenn es um den Topos von der Einzigartigkeit des Holocaust geht. Juden dürfen deshalb keine besondere Opfergruppe sein, weil, wie es heißt, Schluss sein müsse mit der selbstangemaßten jüdischen Hegemonie im Opferdiskurs.

Die koloniale Perspektive lässt allerlei Deutungen, genauer: Behauptungen zu, die diesem Ziel dienen, beispielsweise die, dass der Holocaust ein «antikolonialer Befreiungskampf» gewesen sei – mit den Juden als unterdrückender Kolonialmacht. Ähnlich auch die nach Nolte müffelnde These, wonach der Judenmord ein «subalterner Genozid» war, mit den Nationalsozialisten als Unterworfenen oder von Unterwerfung Bedrohten, die sich zur Wehr setzten.[8] Genozidaler Widerstand also gegen reale oder vermutete jüdische kolonialistische Unterdrückung – und der Nationalsozialismus sozusagen als kompensatorisches Unternehmen, mit dem Recht auf seiner Seite. Die jüngste Variante geht so: Der Jurist Raphael Lemkin, Schöpfer des Begriffs «Genozid», habe seine Definition aus jüdisch-nationalistischer Überzeugung erfunden, um unter allen Völkermorden allein den Holocaust als «echten» Völkermord zu werten, damit nichts gleichwertig sei mit Auschwitz und um auf diesem Wege die Vertreibung und Unterdrückung der Palästinenser und die jüdische Landnahme zu rechtfertigen.[9] Die Völkermordresolution von 1948, die wesentlich auf Lemkin zurückgeht, so wird insinuiert, war demnach ein jüdisch-zionistisches Komplott.

Erstaunlich, wie selbstverständlich einem antisemitische Topoi untergejubelt werden sollen. Und bedrückend, dass offensichtlich keinerlei Scheu besteht, genau das zu tun. Nicht anders im Stück über den «Katechismus der Deutschen» mit seinen obsessiv verwendeten Religionsmetaphern.[10] Nur eine stammt nicht aus dem christlichen Zusammenhang, sondern ist eine jüdische Figur: der Hohepriester, höchster Repräsentant des jüdischen Volkes, in der christlichen Tradition Gegenspieler von Jesus und Personifikation der heimlichen Macht des Judentums. «Selbsternannte Hohepriester», so der Katechismus-Text, seien es, die den Holocaust als «heiliges Trauma» in Deutschland durchgesetzt hätten. Ganz unverhohlen transportiert die Metapher das Stereotyp von den verschwörerischen Einflüssen und Machtpositionen der Juden.

Israel wird in der postkolonialen Forschung nicht selten als koloniales Siedlerprojekt verstanden, seine jüdischen Bewohner als weiße Kolonialherren. Der Holocaust darf also auch deshalb nichts Besonderes sein, weil sich dann – und erst dann – die Legitimität des jüdischen Staates in Frage stellen lässt. Diese Botschaft ist deutlich und unübersehbar.[11] Auch wenn man den Israel-Bezug, der gewichtig ist, beiseitelässt, sticht das Bedürfnis, den Holocaust als einen von vielen Genoziden zu sehen, hervor. Als solcher ist er wohl hinnehmbar, anders dagegen nicht. Das Kleinreden des Monströsen im Wege des Vergleichens erfolgt also in dezidiert (geschichts-)politischer Absicht.

Das Gegenwartsgeschehen bestimmt wesentlich unser Verständnis vom Holocaust. Das war auch in den neunziger Jahren so, als die Neugestaltung Europas einsetzte und ethnische Konflikte zunächst auf dem Balkan und bald darauf auch in Ostafrika aufflammten. Dass in der empirischen historischen Beschäftigung mit dem Holocaust damals die Täterforschung einen Boom erfuhr, war wohl kaum ein Zufall. Heute liefern Globalisierung und Migration die Rahmenbedingungen und wirken sich auf unsere Sicht auf den Holocaust aus. Die Debatten, die das auslöst, tragen hoffentlich ebenfalls einmal Früchte und befördern die historische Erkenntnis. Hoher Bedarf an quellennaher Forschung wird fortbestehen – um der historischen Aufklärung und der intellektuellen Offenheit willen und um keinerlei Ideologie aufzusitzen.

Dan Diner

Über kognitives Entsetzen

Im Spätherbst 1939 empfing der russländische Historiker jüdischer Geschichte Simon Dubnow den polnisch-jüdischen Juristen Raphael Lemkin in seinem Haus in Kaiserwald – einem Ortsteil des lettischen Riga. Lemkin war aus dem von der Wehrmacht besetzten Warschau geflohen, hatte im litauischen Kowno (Kaunas) vorübergehend Zuflucht gefunden und sich alsbald nach Schweden begeben. 1941 erreichte er, über die Sowjetunion und Japan kommend, die Vereinigten Staaten. Dort prägte er 1944 den Begriff «Genozid» und trug maßgeblich dazu bei, diesen in der Ende 1948 von der UN-Vollversammlung beschlossenen Konvention gegen Völkermord zu verankern. Dubnow wurde Ende 1941 bei der «Räumung» des Rigaer Gettos von den Deutschen und ihren lettischen Helfern ermordet.

Das in Kaiserwald geführte Gespräch zwischen dem Historiker und dem Juristen drehte sich um die Frage, wie es sein könne, dass Massenverbrechen an national, ethnisch, rassisch oder religiös markierten Kollektiven straflos blieben, während individuelle Tötungsdelikte generell verfolgt werden.

Diese Frage ist auch heute nicht hinreichend beantwortet. Und dies bei allem Fortschritt, den das Völkerstrafrecht von «Nürnberg» aus genommen hat – um endlich, vor über zwanzig Jahren, mit der Einrichtung eines Internationalen Strafgerichtshofs praktisch zu werden. Dieses Manko allein dem durch politischen Kompromiss juristisch wenig trennscharf getroffenen Begriff vom Genozid anzulasten, ist wenig ergiebig. Die Ursachen eines solchen Defizits dürften tiefer liegen und dabei auf rechtsanthropologisch sich begründende Erschwernisse zurückgehen. So auf die in der Sache wurzelnde Erschwernis, zwischen verschiedenen Arten kollektiven Tötens und entsprechenden Sterbens zu unterscheiden.

Bei Individualverbrechen verhält es sich anders. Davon zeugt das landläufige Alltagsbewusstsein. So sind etwa populäre Kriminalserien dramaturgisch darauf angelegt, das in gespannter Erwartung sich zurücklehnende Publikum gleich in der Eingangsszene mit einer aufgefundenen Leiche zu konfrontieren und es damit einzuladen, der unwillkürlich sich aufdrängenden Frage nachzugehen, um welches Delikt es sich bei dem verübten Verbrechen wohl gehandelt haben könnte: War es Mord, war es Totschlag – oder eine andere, wie immer auch zu qualifizierende Straftat mit Todesfolge? Mit dem indolenten Hinweis, Tod sei nun mal Tod, weiteres Nachforschen demzufolge entbehrlich, werden die vom Geschehen ergriffenen Gemüter sich kaum zufriedengeben. Aller Erwartung nach dürften sie darauf erpicht sein zu erfahren, *wie* und *warum* es zu jenem inkriminierten Handeln mit tödlichem Ausgang gekommen war. Kurz: Sie werden darauf drängen zu unterscheiden, um von dieser Unterscheidung aus zu urteilen.

Bei nach «außen» verübten Kollektivverbrechen reagiert das herkömmliche Bewusstsein anders. Angesichts der Frage nach der Unterscheidung zwischen Tod und Tod wird es von einer eigentümlichen emotionalen wie kognitiven Trägheit befallen – und dies begleitet von der honorig daherkommenden Ausflucht, sich eines Urteils über verschiedene Todesarten von zu Opfern gemachten Menschengruppen besser enthalten zu wollen. Andernfalls könnte dies, so die vorgeschützte Befürchtung, als Ausdruck unterschiedlicher Wertschätzung, als eine zu meidende Hierarchisierung von Opferschaft missverstanden werden.

Solche agnostische Haltung bleibt nicht folgenlos. So trägt die bekennende oder verdeckt sich auswirkende Weigerung, aus vorgeblich universellem Ethos heraus rechtsanthropologisch wie kriminologisch sinnvolle Qualifizierungen von Kollektivverbrechen vorzunehmen, dazu bei, die inkriminierten Geschehen allgemeinmenschlich zu verunklaren.

Unterschiede zwischen kollektiven Gewaltverbrechen sind gleichwohl augenfällig und schlagen sich in gebräuchlichen Zuschreibungen nieder. So wird eine örtlich begrenzte, von einer blindwütigen Soldateska an Zivilisten in spontanem Blutrausch verübte Tötungshandlung als *Massaker* bezeichnet; für Tötungshandlungen, bei denen Bevölkerungen durch bewusst vorgenommene Mordaktionen zum Verlassen ganzer Landstriche genötigt werden, hat das Wort von *ethnischen Säuberungen* Einzug gehalten; oder durch *Hunger* verursachte Desaster von Massensterben, wie sie von Besatzungs- oder Kolonialmächten aktiv wie durch Unterlassung herbeigeführt wurden. Oder aber ein als absolut zu qualifizierender *Genozid*, bei dem, ganz jenseits von Konflikt und materiellem Begehren, gleichsam grundlos, eine verstreut lebende, durch Kennzeichnung sichtbar gemachte Bevölkerung in ihrer Gesamtheit und allerorts, mithin *alle* und *überall*, aufwendig und über lange Strecken in eigens hierfür vorgesehene Vernichtungsstätten gekarrt wird, um dort systematisch wie industriell ausgemerzt zu werden.

Eine trennscharfe Unterscheidung zwischen verschieden verübten wie erlittenen Massenverbrechen – eine Unterscheidung zwischen Tod und Tod – wird indes durch eine im Bewusstsein vor sich gehende eigenartige Verschiebung beeinträchtigt. Es handelt sich hierbei um eine Verschiebung weg vom spezifischen Charakter des Verbrechens und dies in einem engeren juridischen Sinne – hinein in Vorstellungswelten von den zu Opfern gemachten Kollektiven: Eine Verschiebung von der *Tat* in die der *Zugehörigkeit*.

Die Folgen einer solchen Transformation sind absehbar: Nicht der rechtsanthropologisch und kriminologisch bestimmbare Charakter der Tat, nicht die Tathandlung, mithin das Delikt als solches tritt aus dem Nebel des inkriminierten Geschehens hervor, sondern die mit dem zu Tode gebrachten Kollektiv traditionell in Verbindung gebrachten Vorstellungen, Gedächtnisse und (Geschichts-)Erzählungen. So wird der Diskurs über Tathandlung von den Imagines der Gruppenzugehörigkeit überblendet – mit der Folge einer epistemischen Konversion von einem Feld der Erkenntnis in ein anderes.

Vor dem Hintergrund einer solchen Volte dürfte es naheliegen, dass der nationalsozialistisch verübte absolute Genozid an den Juden Europas – der Holocaust (Churchill: «A crime without a name») – vornehmlich in christlich imprägnierten Kulturen mit Juden verbundene traditionelle kulturell-religiöse Gedächtnisse aufruft. Daraus erschließt sich, dass jener zwanghafte und in Schüben sich wiederholende Diskurs über das Geschehen des Holocaust im Zeichen althergebrachter Formatierungen zu stehen kommt. Diese sind im langlebigen Gedächtnis über «die Juden» angelegt. Solche Formatierungen weisen theologische Konturen auf.

Zwei skandalisierte Diskurse scheinen eine derart vage, gleichwohl naheliegende Vermutung zu bestätigen. So der um die Mitte der achtziger Jahre geführte sogenannte deutsche «Historikerstreit», bei dem es vordergründig um die Frage der Vergleichbarkeit von Massenverbrechen ging – genauer: um die Vergleichbarkeit, respektive Gleichsetzung nationalsozialistischer und bolschewistischer Verbrechen. Und die jüngst aufgebrochene Kontroverse, in der aufs Neue und nicht weniger vordergründig der Vergleich von historisch anderweitig verübten Massenverbrechen mit dem nationalsozialistischen Judenmord gesucht wird: den Massenverbrechen genozidaler Kolonialgewalt. Der dabei als notorisch sich erweisende jüdische Nexus ist erklärungsbedürftig.

Beide Kontroversen, der damals geführte «Historikerstreit» und der aktuelle Vergleichsdisput über Holocaust und Kolonialgewalt, liegen gut eine Generation auseinander. Gleichwohl ist ihnen eine nahezu identische Argumentationsfigur eigen: die Argumentationsfigur der Ursprünglichkeit. Was war «ursprünglicher», fragt Nolte: der Klassenmord der Bolschewiki oder der Rassenmord der Nationalsozialisten? Hierzu bedient er sich des Wort- und Sinnbildes vom «logischen wie faktischen Prius». Angesichts deren fundamentalen Bedeutung für die von Nolte verfolgte Beweisführung von der Ursprünglichkeit mutet die darüber hinaus gehende, latent von ihm erwogene Begründung, die bolschewistische Gefahr sei von «den Juden» ausgegangen, eher sekundär an.

Im Wortbild vom «logischen und faktischen Prius» nistet die Denkfigur von der Ursprünglichkeit. Diese Denkfigur ist theologisch determiniert. Der Form nach verweist sie auf das umstrittene biblische Motiv der Erwählung der Juden. Und wie die dem religiösen Mythos nach vorgebliche Erwählung Israels den Einspruch der Völker erregt, so ruft der Holocaust in seiner Präzedenzlosigkeit als absoluter Genozid den Einspruch einer sich universell dünkenden Haltung heraus: dass jenem negativen Geschehen das Privileg von Ursprünglichkeit nicht zukomme, nicht zukommen dürfe. Beim Holocaust handele es sich – so der Einspruch – um nichts anderes als um einen Genozid unter anderen Genoziden. In Konsequenz dessen gelte es den Holocaust vom Sockel einer von den Nazis verfügten negativen «Erwählung» zu stürzen. Sollte der Holocaust anders, genauer: in seinem Schrecken womöglich «mehr» gewesen sein als ein Genozid unter anderen Genoziden, so stünde dies dem Ethos einer vorausgesetzten menschheitlichen Gleichheit entgegen – eine als unerträglich empfundene Anmaßung.

Die Diskursstruktur bringt es an den Tag: Indem der Deutungshoheit beanspruchende gegenwärtige Trend den Holocaust der Gestalt kolonialer Gewalt anverwandelt, die ihm – als dessen vorgebliches Prius – «faktisch und logisch» vorausgehe, wird das Motiv der als Erwählung gelesenen Ursprünglichkeit in ihrer Bedeutung als eine den Debatten um den Holocaust vorausgehende theologische Formatierung aufs Neue aufgerufen.

Dabei benötigen die historisch ausgeübte Kolonialgewalt und ihre in die Gegenwart hinein sich verlängernden Folgen keinen Vergleich, genauer: keine Gleichsetzung mit dem Holocaust, um Anerkennung zu erheischen. Kolonialgewalt ist Gewalt eigenen Rechts – genauer: eigenen Unrechts. Im «Herzen der Finsternis» errichtete die überseeisch ausgetragene europäische Gewalt Monumente aus Hekatomben menschlicher Gebeine, Schädelstätten kolonialer Gier und Habsucht – wahrer Kannibalismus. Sich solcher Verbrechen zu erinnern und das verübte Leid restituierend anzuerkennen ist ein Imperativ universeller Humanität und partikularer Schuld.

Den Holocaust von Kolonialverbrechen anhand eines durch «Auschwitz» den Opfern zugefügten ultimativen Vernichtungstodes zu unterscheiden bedeutet indes nicht, das jeweils erlittene Leid als ethisch verschieden zu qualifizieren und somit herabzusetzen – so, als gelte eine Art Richterskala des Leidens. Aller Menschen Leid ist jeweils absolut – und mochte die dabei ausgeübte Gewalt, die dabei verursachte Art des Todes auch jeweils verschieden gewesen sein. Was indes einen Unterschied macht, ist das vom Holocaust ausgehende kognitive Entsetzen. Und dies *nicht* – (es sei wiederholt!) –, was die kollektive *Zugehörigkeit* der Opfer angeht, sondern was den Charakter der *Tat* betrifft: nämlich das mit ihr einhergehende fundamentale Dementi sonsthin gültiger anthropologischer Gewissheiten über menschliches Handeln.

Dem Holocaust kommt das Kennzeichen eines Zivilisationsbruchs zu – eine anthropologische Krise, hervorgerufen von einer fundamentalen ontologischen Erschütterung. Die Tragweite jener ontologischen Erschütterung wird anhand der damals radikalsten möglichen Sicht auf das Geschehen sichtbar. Diese ist der Perspektive der Opfer eigen.

Die äußerste aller nur erdenklich radikalen Sichten auf das Geschehen war gleichwohl nicht allen Opfern auferlegt. Und paradoxerweise auch nicht jenen, die in die extremste aller nur denkbar extremen Lagen geworfen worden waren – also jenen, die damals arglos in das ihnen Drohende hineinliefen und hinter deren Rücken die Türen der Gaskammern zugeschlagen wurden. Körper an Körper gepresst erlitten sie, den giftigen Dämpfen ausgesetzt, während einer etwa zwanzig Minuten andauernden Agonie, einen grausamen Erstickungstod. Das in jenen ewigen Minuten getilgte, ausgelöschte Leben vermochte weder von jenem Geschehen zu berichten, noch jenes Ereignis zu denken. Eine den Zivilisationsbruch «Auschwitz» reflektierende zeitgenössische Sicht erfolgte von einem anderen Ort aus: dem Getto.

Im Getto, dem von den Nazis hermetisch abgesonderten Judenbezirk, wurden dessen Insassen durch Inszenierung lebensweltlicher Normalität über ihre tatsächliche Lage getäuscht. Es sollte so scheinen, als habe sich nichts Einschneidendes ereignet. Dabei kam dem Getto eine dramatische Bestimmung zu: Es diente als Stau- und Warteraum des Todes. Von diesem Warteraum des Todes aus erkundeten die Eingeschlossenen die Möglichkeiten eines auf pures Überleben gerichteten Handelns. Vor ihnen tat sich ein Abgrund auf.

Alles Handeln der «Judenräte», jener von den Nationalsozialisten verfügten jüdischen Repräsentanz im Getto, ging alternativlos davon aus, die Täter würden, schon deren eigener Selbsterhaltung wegen, alles daransetzen, die ihnen dort zur Verfügung stehenden Ressourcen der Kriegsanstrengung zuzuführen. So vermeinten die «Judenräte» mit der ihnen von den Nazis abverlangten Arbeit über ein probates Mittel zu verfügen, den ihnen zugedachten Tod aufzuschieben. Mit dem zeitlichen Aufschub des Todes durch Verausgabung von Arbeit galt es jene nicht absehbare Dauer zu überbrücken, die zwischen dem ihnen zugedachten Tod und der heranrückenden, lebensrettenden Front lag.

Die den Juden abverlangte bzw. von ihnen den Nazis dargebotene Arbeit wies indes einen fundamentalen Makel auf. Sie war nicht – wie ihre Form insinuierte – Ausdruck geronnener Rationalität, sondern sardonisches Mittel der Täuschung. Der jener verausgabten Arbeit eigene rationale Schein hielt bei den Opfern einen Rest an Hoffnung wach, die Täter würden, bei allen sichtbaren Exzessen, sich womöglich doch von Maßgaben der Vernunft und Selbsterhaltung, ihrer eigenen Selbsterhaltung, leiten lassen. Der alternativlose Trugschluss der Opfer stützte sich auf die Annahme, das Handeln der Täter stehe im Zeichen eines traditionell Bösen: nämlich materieller Habgier wie ungehemmter Triebbefriedigung – Begehren, denen die Opfer, des Erhalts ihres nackten Lebens wegen sich ohnehin zu unterwerfen bereit waren.

Es war demnach eine rationale Resterwartung, die der eingeschlagenen Überlebensstrategie von Zeitgewinn durch Arbeit vorausging. Diese rationale Resterwartung trug letztendlich dazu bei, dass die Vertreter der jüdischen Repräsentanz in den Gettos sich dringend veranlasst sahen, anstatt der Nazis und angesichts deren Androhung, die Selektionen in den Tod grausamer, brutaler und unterschiedsloser vorzunehmen, diese von sich aus durchzuführen.

Zuerst wurden die Kranken ausgesondert; dann die Alten; schließlich die Kinder – und zunehmend all jene, die den Anforderungen des Arbeitseinsatzes nicht mehr nachzukommen in der Lage waren. Anfänglich schien es, als gelte es, Wenige um den Erhalt der Vielen zu opfern – bis die Vielen ihrerseits zu Wenigen dahinschmolzen, um schließlich gänzlich zu vergehen.

Das Getto führte ins Nichts. Der Suizid mancher Judenräte mochte diese zwar individuell von einer scheinbaren Verantwortung für die ihnen anvertrauten Menschen und damit von dem ihnen auferlegten schrecklichen Tun entlastet haben; der diesen zugedachte absolute Tod indes konnte durch nichts verhindert werden. Weder durch Unterwerfung noch durch

Glaubenswechsel, nicht durch Geld und nicht durch Gut. Und nicht durch Arbeit – durch nichts.

Angesichts ubiquitär gültiger, kategorisch als gewiss geltender Annahmen über menschliches Verhalten – auch solches der niedersten Instinkte – handelte es sich beim Holocaust um einen durch und durch grundlosen, um einen schier gegenrationalen Tod. Und angesichts eines kollektiven, allen Juden und überall zugedachten regelhaften Todes war Überleben bloßem Zufall geschuldet. Ein derartiges, bloßer Fügung geschuldetes Überleben war für manche der Überlebenden derart unerträglich, dass es sie später, auch Jahre danach, durch Suizid einholte – ein individueller Reflex auf jene als ontologische Erschütterung zu verstehende Präzedenzlosigkeit, die in der Chiffre «Auschwitz» ihr Zeichen gefunden hat.

Im Nachleben der Generationen bleibt der Einschnitt «Auschwitz» in seiner zivilisatorisch negativen Bedeutung unsichtbar, gleichsam folgenlos. So folgenlos, als habe sich nichts dergleichen ereignet. Die Gründe für jenes Vergehen sind vielfältig. Manche von ihnen werden von der menschlichen Psyche durch Verdrängung zu ihrem eigenen Schutze generiert. Andere lassen sich auf die Zeitumstände danach zurückführen. So auf den bald nach jenem Geschehen eintretenden, nuklear bewehrten Kalten Krieg und einer von ihm auszugehen drohenden Apokalypse – ein Omnizid, die Selbstvernichtung der Gattung Mensch. An einer solchen, damals als höchst wahrscheinlich empfundenen apokalyptischen Möglichkeit gemessen, entschwand die Wirklichkeit des real gewesenen absoluten Genozids «Auschwitz» dem zeitgenössischen Bewusstsein. Erst mit Aufkommen der *détente*, der Entspannung unter den Supermächten in den 1970er Jahren trat die Erinnerung an das Ereignis als «Holocaust» aus dem Schatten der Vergessenheit. Dies jedenfalls im Bereich des politischen Westens.

Wie weit reicht das Bewusstsein vom Holocaust? Ist dieses Bewusstsein kulturell und räumlich eingegrenzt, oder ist es universell kommunizierbar? Der hier häufig aufgerufene Begriff von einer Anthropologie der Wahrnehmung legt nahe, dass die Wucht jenes Ereignisses auf eine menschheitliche, auf eine allseits anzutreffende moralische Kompetenz trifft: nämlich die intuitive moralische Kompetenz, zwischen Tod und Tod zu unterscheiden.

Die Wahrnehmung unterschiedlicher Formen des Todes ist eine emotionale Befähigung, die keinerlei spezifische historische Kulturgebundenheit voraussetzt. Sie gründet sich auf eine gleichsam menschheitlich vorauszusetzende vegetative Reaktion von Scheu und Scham. Diese erzeugt aus sich heraus die ihr jeweils entsprechenden wie kulturell diversen, dem Prozess einer inneren Heilung nach dem Einschnitt des Verlusts dienenden Riten und Rituale der Trauer, deren Sinn und Zweck es ist, den eingetretenen Tod ins Leben, ins Nachleben der Überlebenden wie der nachfolgenden Generationen aufzunehmen. Ob dies angesichts eines gleichsam grundlos verfügten wie systematisch-industriell exekutierten absoluten Todes möglich ist, ist eine offene, weiter offen bleibende Frage.

Die Wahrnehmung des Holocaust als Zivilisationsbruch, als anthropologische Krise, ist in Erosion begriffen. Dies sollte nicht verwundern. In den hiesigen Breiten, in denen die Vorstellung von «Auschwitz» zunehmend die Gestalt einer rhetorischen Figur angenommen hat, ihre negative Substanz zudem auf weit verbreitete Abwehr stößt, macht sich Unbehagen bemerkbar, sich der Erinnerung an jenes Geschehen weiter auszusetzen. Allenthalben wird ein um sich greifender Drang zur Abwertung jener Tat sichtbar. Hinzu gesellen sich Tendenzen post-kolonialer Deutungsmacht. Dort fordert eine Vielzahl von Genoziden die ultimative Bedeutung des Holocaust heraus.

Dabei wird auf die Epoche der europäisch-kolonialen Expansion ebenso wie auf die neuzeitliche Sklaverei verwiesen – eine Diskurstendenz, die sich wie Mehltau auch auf die Wahrnehmung des Zweiten Weltkrieges zu legen beginnt. So kann es geschehen, dass die als Kolonialmächte identifizierten Westalliierten des Weltkrieges als Angeklagte in die Schranken eines aktuell eingerichteten Weltgerichts gebeten werden und wie in Äquidistanz zu den Achsenmächten zu stehen kommen.

Als im Sommer 2020 die *Black Lives Matter*-Proteste die britischen Inseln erreichten und an ihren Heimatorten Monumente von als Philanthropen geehrten, vormaligen Sklavenhändlern in die Hafenbecken gestürzt worden waren, wurde auch an der auf dem Parliament Square stehenden Statue Winston Churchills, des britischen Weltkriegs-Premiers, mit roter Farbe ein despektierliches Urteil aufgesprüht: (Churchill) «was a racist» prangte es vom Sockel.

Nun war Churchill als eine Persönlichkeit des 19. Jahrhunderts ebenso wie seine Zeit- und Standesgenossen von rassistischen Haltungen keineswegs frei. Sollte dies alles werden, was von Churchill bliebe, dann – so der sich aufdrängende Schluss – dürfte auch Hitler aus dem historischen Gedächtnis getilgt werden.

Anmerkungen

Norbert Frei

Deutsche Vergangenheit und postkoloniale Katechese

1 A. Dirk Moses: Der Katechismus der Deutschen, in: Geschichte der Gegenwart, 23.5.2021, https://geschichtedergegenwart.ch/der-katechismus-der-deutschen/.

2 Goldmanns Rede ist abgedruckt in: Allgemeine Wochenzeitung der Juden in Deutschland, 5.12.1952.

3 Theodor Heuss: «Diese Scham nimmt uns niemand ab!», in: Bulletin des Presse- und Informationsamtes der Bundesregierung, 2.12.1952, S. 1655 f.

4 Norbert Frei: Auschwitz und Holocaust. Begriff und Historiographie, in: H. Loewy (Hrsg.), Holocaust – Grenzen des Verstehens. Eine Debatte über die Besetzung der Geschichte. Reinbek 1992, S. 101–109.

5 Jacob Eder: Der Weg ist das Ziel. Deutsche Erinnerungspolitik und ihre Widersprüche, in: Geschichte der Gegenwart, 23.6.2021, https://geschichtedergegenwart.ch/jacob-eders-text/.

6 Martin Sellner: Postkoloniale Angriffe auf den «Auschwitz-Mythos», in: Sezession, 25.5.2021, https://sezession.de/64268/postkoloniale-angriffe-auf-den-auschwitz-mythos.

7 Johannes von Moltke: Polemiken und Provokationen, in:

Geschichte der Gegenwart, 6.6.2021, https://geschichtedergegenwart.ch/polemik-und-provokationen/; Schnellroda ist eine Anspielung auf den Sitz des vom Bundesverfassungsschutz als «Verdachtsfall» eingestuften neurechten «Instituts für Staatspolitik», das die von Götz Kubitschek betriebene Zeitschrift Sezession herausgibt.

8 Helmut Walser Smith: «Sieferle von links»: A Fair Criticism?, in: The New Fascism Syllabus, 28.5.2021, https://newfascismsyllabus.com/opinions/sieferle-von-links-a-fair-criticism/.

9 Verena Nägel/Lena Kahle: Die universitäre Lehre über den Holocaust in Deutschland. Freie Universität Berlin 2018, http://doi.org/10.17169/FUDOCS_document_000000028929.

Sybille Steinbacher

Über Holocaustvergleiche und Kontinuitäten kolonialer Gewalt

1 Raul Hilberg, The Destruction of the European Jews, New Haven [3]2003, S. 1296.

2 Die Bezüge zu diskutieren, war Ziel einer Tagung, die ich im Oktober 2011 an der Universität Wien organisiert habe. Vgl. Sybille Steinbacher (Hrsg.): Holocaust und Völkermorde. Die Reichweite des Vergleichs, Frankfurt am Main 2012.

3 Andreas Hillgruber: Hitlers Strategie. Politik und Kriegsführung 1940–1941, München 1982 (zuerst Frankfurt am Main 1965).

4 Jürgen Zimmerer: Von Windhuk nach Auschwitz? Beiträge zum Verhältnis von Kolonialismus und Holocaust, Berlin, Münster 2011. Zur Debatte darüber vgl. Sybille Steinbacher: Sonderweg, Kolonialismus, Genozide. Der Holocaust im Spannungsfeld von Kontinuitäten und Diskontinuitäten der deutschen Geschichte, in: Frank Bajohr/Andrea Löw (Hrsg.),

Der Holocaust. Ergebnisse und neue Fragen der Forschung, Frankfurt am Main 2015, S. 83–101.

5 Michael Rothberg und Jürgen Zimmerer: Enttabuisiert den Vergleich! Die Geschichtsschreibung globalisieren, das Gedenken pluralisieren: Warum sich die deutsche Erinnerungslandschaft verändern muss, in: Die Zeit, 31.3.2021, S. 59.

6 Ebenda.

7 A. Dirk Moses: Gedenkt endlich auch der Opfer kolonialer Gräueltaten! Erwiderung auf Saul Friedländer, in: Die Zeit, 15. Juli 2021, S. 50.

8 Zur kritischen Auseinandersetzung damit vgl. Steffen Klävers: Decolonizing Auschwitz? Komparativ-postkoloniale Ansätze in der Holocaustforschung, Berlin/Boston 2019.

9 A. Dirk Moses: The Problems of Genocide. Permanent Security and the Language of Transgression, New York 2021. Kritisch dazu: Omer Bartov: Blind Spots of Genocide, in: Journal of Modern European History, Forum: Holocaust and Genocide Studies, 4 (2021) (im Erscheinen).

10 A. Dirk Moses: Der Katechismus der Deutschen, in: Geschichte der Gegenwart, 23.5.2021, https://geschichtedergegenwart.ch/der-katechismus-der-deutschen/.

11 Ganz in diesem Sinne: A. Dirk Moses: Dialectic of Vergangenheitsbewältigung, in: The New Fascism Syllabus, 15.6.2021, http://newfascismsyllabus.com/opinions/dialectic-of-vergangenheitsbewaltigung/.

Drucknachweise

Jürgen Habermas
Statt eines Vorworts
Der Text erschien unter dem Titel «Der neue Historikerstreit» im *Philosophie Magazin* vom 9. September 2021.

Saul Friedländer
Ein Genozid wie jeder andere?
Bearbeitete und erweiterte Fassung eines Textes in der *Zeit* vom 8. Juli 2021.

Norbert Frei
Deutsche Vergangenheit und postkoloniale Katechese
Teile des Textes beruhen auf einer Kolumne in der *Süddeutschen Zeitung* vom 18. Juni 2021.

Sybille Steinbacher
Über Holocaustvergleiche und Kontinuitäten kolonialer Gewalt
Originalbeitrag.

Dan Diner
Über kognitives Entsetzen
Bearbeitete und erweiterte Fassung eines Textes in der *Frankfurter Allgemeinen Zeitung* vom 8. Juli 2021.